Damien Bullot

# CASQUES
# DE CHAMPIONS

Casa éditions

Moto revue

# PRÉFACE

# ENTRE PROTECTION ET SUPERSTITION OU LES ORIGINES DU CASQUE

**La compétition a toujours été un formidable laboratoire pour créer et tester des nouveautés dans les conditions les plus extrêmes.**

Avec l'arrivée des premières courses moto, suite à la création de ces mêmes motos, les pilotes ont cherché à se protéger autant des affres de la météo qui altérait leurs performances que s'offrir un minimum de protection en cas de chute. Dès 1914, après les recherches du physicien Eric Gardner, le port du casque est imposé pour les pilotes du Tourist Trophy, une première avancée. Un peu de cuir, quelques lanières, une paire de lunettes; c'est rudimentaire, mais cela marque les débuts du casque. Un évènement tragique viendra mettre un coup d'accélérateur à la généralisation du port du casque sur les circuits et en dehors. Avec la mort de Lawrence d'Arabie d'un accident de moto, l'armée anglaise imposera le port du casque pour ses soldats à moto. C'est encore du côté de l'armée avec les recherches de Charles F.Lombard, un chercheur pour la North American Air Force, qui brevette aux États-Unis en 1953, le premier casque de moto à structure moderne avec une calotte rigide à l'extérieur et des intérieurs rembourrés. Un an plus tard, la compagnie italienne de Gino Valenza basée à Amisano, spécialisée dans les selles de moto, lance son premier modèle en fibre. Très vite, les casques AGV se retrouvent sur la tête des pilotes et principalement sur l'un des plus grands champions, Giacomo Agostini. Formidable vecteur de publicité, ces champions vont également se démarquer les uns des autres en apposant des signes distinctifs pour être reconnus, se singulariser, mais aussi par superstition. Côté innovation, si les casques sont encore ouverts, il faudra attendre 1967 pour qu'AGV dévoile son premier modèle intégral. D'autres marques emboîteront le pas avec les Américains de Bell l'année suivante, puis l'arrivée des Japonais Arai et Shoei, dans le sillage de l'industrie moto nippone qui envahit le monde, apporteront eux aussi leur lot de nouveautés. Shoei lancera ainsi au début des années 1980 son premier modèle multifibres avec du carbone que l'on retrouve avec Rainey et Gardner. Quelques années plus tard, le français Shark sera également un acteur majeur de l'innovation. Et si les champions n'ont plus le choix et doivent porter le casque, comment penser autrement d'ailleurs, il faudra attendre le milieu des années 1970 et parfois même jusqu'en 1992 en Espagne pour que le port du casque soit obligatoire sur la route! Avec cette généralisation, l'industrie du casque a énormément progressé techniquement mais aussi commercialement. Mais le casque n'est pas qu'un élément de sécurité, il est aussi devenu un phénomène de ralliement avec l'émergence des fameux «réplica». Si certaines marques, avec leurs pilotes stars comme Doohan, avaient déjà entrouvert la porte, le phénomène Valentino Rossi a bousculé tous les codes. En se servant de ses casques pour se protéger mais également pour faire passer des messages ludiques ou plus sérieux, le «doctor» a prescrit une bonne dose de folie. Depuis 2019, sans impacter le décorum des différents pilotes, la fédération internationale de moto a établi une nouvelle norme de protection obligatoire, une nouvelle avancée pour la sécurité. La compétition et ses champions démontrent ainsi qu'ils restent un formidable laboratoire pour créer de nouveaux casques. Mais on compte néanmoins sur les pilotes et les artistes comme Aldo Drudi pour les rendre toujours plus originaux et décalés.

Damien Bullot

# LE PREMIER CHAMPION EN SÉRIE

**Geoff Duke fut le premier pilote à être champion du monde 500 plusieurs années de suite, à réaliser le doublé dans deux catégories, avec un style et une élégance symbolisés par la rose rouge du Lancashire qu'il arborait sur son casque.**

Geoff Duke sur la Gilera 4 cylindres qui lui permit d'être trois fois champion du monde en catégorie 500.

Cette simple coque maintenue par de fines lanières de cuir, complétée par des lunettes d'aviateur, est une pièce de collection. Arborant fièrement la rose rouge du Lancashire, emblème de la région où le champion vit le jour, et de l'unité militaire où il servit, Geoff Duke remporte sa première victoire au Tourist Trophy en 1949, deux ans seulement après sa première course. En signant chez Norton en 1950, il remporte les titres en 350 et 500 l'année suivante. Puis il réalisera la passe de trois entre 1953 et 1955 dans la catégorie reine, devenant ainsi le premier champion en série au guidon d'une Gilera. Son panache au profit des pilotes grévistes du TT en 55 lui fera perdre le titre l'année suivante. Une blessure suivie d'un passage chez BMW l'empêcheront de dominer à nouveau les circuits. Néanmoins il fera briller une dernière fois la rose rouge avec un cadre Reynolds et un moteur Norton en 1958 en Suède, avant de raccrocher définitivement son casque un an plus tard.

# GEOFF DUKE

La rose rouge est le symbole du Lancashire où Geoff Duke naîtra le 29 mars 1923 à St Helens.

# MIKE HAILWOOD

Mike the bike
au guidon de
la Honda RC162

# MIKE THE BIKE

**Icône du sport motocycliste, Mike Hailwood est peut-être le plus grand pilote de tous les temps, avec un caractère bien trempé, un talent hors du commun, et une gentillesse hors norme qu'il mettait de côté pour passer le drapeau à damier en tête.**

Toujours sur Honda mais cette fois au guidon d'une RC174

Forcément avec un père ancien pilote et concessionnaire motos en Angleterre, le destin de Mike Hailwood était tout tracé. Après des débuts en championnat anglais, il remporte son premier GP en 1959 sur une 125 DUCATI. Champion en 250 sur Honda deux ans après, il brille surtout au Tourist Trophy dans toutes les catégories. Avec son drapeau à damier et l'Union Jack fièrement apposés sur le devant de son casque Cromwell, il empilera les titres pour en compter au total neuf dans trois catégories différentes. Après un passage en auto, il sort de sa retraite en 1978 pour s'offrir aux Tourist Trophy deux passages en tête sous le drapeau à damier qu'il a troqué pour des sponsors apposés sur le tout nouveau intégral de la marque anglaise Kangol, le Falcon 3 en fibres de verre.

> À partir de 1973, la loi anglaise imposera un nouveau type de casque, le Kangol Falcon 3 en sera l'un des emblèmes en étant porté brillamment par Mike the Bike lors de ses victoires au TT en 1978 et 1979.

Le sponsor remplace
l'Union Jack sur
l'intégral de Hailwood
et Ducati a
remplacé Honda.

# LE ROI AGO

**Passionné, talentueux, acharné même, le pilote italien a conquis le palmarès le plus impressionnant de tous les temps dans l'histoire de la vitesse moto : 15 couronnes mondiales et 123 victoires, dont 42 doublés.**

Hailwood et Agostini à la lutte. Tous deux sur MV Agusta

Doté d'une gueule d'ange, d'un physique de véritable latin-lover, et de manières de fils de bonne famille qu'il était, Giacomo Agostini débute à moto contre l'avis de son père. Son talent inné lui ouvrira très vite les portes du Continental Circus où il déboule face à la légion de pilotes anglais. Casqué de son bol minimaliste, il arbore fièrement les couleurs de sa patrie et surtout de la marque qui lui permit de remporter tant de courses et de championnats dans plusieurs cylindrées à partir de 1967, année où il signe un mirifique contrat avec AGV pour en porter ses créations en fibres de verre. À jamais le plus titré, on le retrouve sur Yamaha avec le X-80, puis le X-3000, intégraux italiens, où les couleurs transalpines sont toujours présentes, avec en prime un bandeau or sur la mentonnière pour souligner que le roi Ago était en piste.

# GIACOMO AGOSTINI

14 juin 1967,
Tourist Trophy,
Agostini
à l'attaque !

> En 1971, Giacomo Agostini porte toujours fièrement les casques de la marque AGV dont il est le pilote phare avec un contrat de sponsoring !

Marlboro
AGO
Ago 1
YAMAHA
10

# BARRY SHEENE

Suzuki et Sheene
resteront indissociables.
Au guidon d'une RG500,
il remporte en 1976
le championnat du monde.

# LE BAD BOY ANGLAIS

**Véritable pilote star des années 1970, Barry Sheene amène son panache et ses excentricités dans le paddock. Avec son numéro 7 fièrement apposé et son Donald Duck sur le devant, en plus d'un trou pour une cigarette, son casque est emblématique.**

Son passage chez Yamaha, en 1979, ne lui permettra pas de revenir au premier plan.

Premier pilote à comprendre les enjeux de l'image en conservant fièrement le numéro 7 tout au long de sa carrière dans la catégorie reine, Barry Sheene brûle la vie comme il brûlait la gomme sur la piste, à l'image de ce trou percé dans la mentionnière de son AGV pour lui permettre de fumer avant de prendre le départ. Mais l'Anglais, qui aimait la fête, était aussi un pilote appliqué qui a conquis deux titres de champion du monde 500 devant Agostini, après avoir connu un grave accident l'année d'avant. Devenu le dernier pilote britannique titré en 1977 avant l'hégémonie américaine, il arborait également ce sticker de Donald Duck sur le devant de son casque. Conscient des symboles, il l'avait collé à ses débuts en confessant que Donald Duck était bien plus connu que lui. Mais ça, c'était avant de devenir le n° 7 légendaire.

# LE PRINCE DE LA VITESSE

**Surnommé « King of Speed », Phil Read a bataillé face aux plus grands champions pour passer en tête le drapeau à damier sur 52 courses en GP, empiler 7 titres dans trois catégories différentes.**

Read et Yamaha sur le circuit de Silverstone en 1965

Le pilote anglais a été le premier pilote à remporter les championnats du monde dans les trois catégories 125 cc, 250 cc et 500 cc, bien avant Valentino Rossi et Marc Marquez. Le pilote anglais a commencé à connaître le succès au Manx Grand Prix en 1960 avant de remporter son premier succès en championnat du monde au guidon d'une Norton 350 sur les routes de l'Île de Man. Originaire de Luton, né un 1er janvier dans une famille de passionnés de motos, il ne connut pas le destin des fils de bonne famille comme Hailwood ou Agostini et dut cravacher pour s'imposer. Sept fois champion du monde, il fut également le premier à faire gagner Yamaha en 1964 en 250. Forte tête, il débutera avec un demi-casque et des lanières de cuir reconnaissable à ses traits noirs et blancs et son damier sur le pourtour, un design qu'il conserve lorsque son sens des affaires aiguisé le fait signer chez les Américains de Premier au tout début des années 1970.

# PHIL READ

Phil Read a opté pour un casque Premier lors de la course de l'année à Mallory Park en 1974.

# JOHNNY CECOTTO

# CHAMPION PRÉCOCE

**Après des coups d'éclat et des débuts fracassants, Johnny Cecotto ne marquera pas son époque comme son talent le prédestinait.**

Alberto «Johnny» Cecotto Persello a vu le jour au Vénézelua à Caracas le 25 janvier 1956. En prenant pour modèle son père, immigré italien, champion national et reconverti en concessionnaire, le jeune Johnny remporte le championnat à l'âge de 17 ans sur une Yamaha TZ 350. Après un nouveau titre couplé à celui de l'Amérique du Sud, le voilà qui débarque au 200 miles de Daytona où il réalise le coup d'éclat de se qualifier en première ligne, de finalement partir en fin de peloton qu'il remonte jusqu'à la troisième place doublant au passage Agostini, le tout sur une Yamaha TZ 750 non officielle. Cela lui ouvre les portes de l'Europe avec une victoire à Imola 200. La saison 1975 démarre fort avec une victoire éclatante au GP de France en 250 sur le circuit du Castellet. À 19 ans et 64 jours, Cecotto devient le plus jeune vainqueur d'un Grand Prix. Il double même la mise en 350. Une catégorie qui lui offrira son seul titre. Après un passage en 500, ce champion précoce ne concrétisera jamais sa domination coiffée de son casque LEM puis AGV (deux marques italiennes) d'un blanc immaculé avec deux traits en pointe rouge. Une décoration qui faisait écho aux couleurs des Yamaha de l'époque et qu'il conservera lors de son passage en auto.

Johnny, pilote surdoué, remportera le titre mondial en 350 à l'issue de la saison 1975.

# LE CRÉATEUR D'UN NOUVEAU STYLE

**Fer de lance de la domination américaine, Kenny Roberts écharpe avec ses serres acérées ses concurrents pour imposer sa maîtrise, son style et son arrogance.**

Roberts apporte avec lui le style américain, les casques Bell en sont les représentants.

Kenny Roberts commence ses exploits sur les pistes de Dirt-track américaines. Maîtrisant la glisse avec brio, il rejoint Yamaha USA avec qui il glane ses premiers titres nationaux. Casqué de la marque Bell, qui fut la première à lancer un modèle intégral, le Star se pare forcément des symboles américains avec le drapeau et un aigle souligné par les coloris jaune et noir de la firme japonaise aux États-Unis. La marque décide de le lancer dans le grand bain du Continental Circus en 1978, et Kenny Roberts assomme par son style tout en glisse genou par terre. Il enchaîne les deux années suivantes face aux vieilles gloires européennes et aux autres jeunes loups américains. Il troquera son Bell Star pour la marque AGV qui trouve en lui une nouvelle icône pour faire rayonner ses casques. Devenu ensuite patron d'écurie à succès, on retrouvera l'aigle sur l'Arai de son fils, lui aussi champion du monde, mais ça c'est une autre histoire.

# KENNY ROBERTS

# L'EXTRA-TERRESTRE

**Plus jeune champion, deux ans après ses débuts en GP, auteur d'un doublé magistral, l'Américain était un talent brut, un véritable ovni.**

Spencer, Honda, Arai, un trio gagnant

Né dans une famille de passionnés de motos en Louisiane, il débute très jeune sur les courses de Dirt-track. Quand il débarque en Europe à 22 ans en 1982, l'Américain à la gueule d'ange compte déjà pas loin de dix saisons dans les championnats nationaux américains avec quelques titres à la clé. Conscient de son talent, Freddie Spencer continue de le polir à force de travail pour devenir le plus jeune champion du monde 500 deux ans après ses débuts. Après une année 1984 difficile, il réussit le tour de force l'année suivante de réaliser un doublé historique en étant champion 500 et 250 sur Honda. Son engagement pour l'usine japonaise lui ouvrira les portes d'une autre usine nippone avec Arai qui débarque avec de nouveaux casques. Avec ses coloris sobres tricolores inspirés du drapeau américain, ce modèle FT est devenu une véritable pièce de collection.

# FREDDIE SPENCER

En 1985, Freddie Spencer
remporte haut la main
les 200 miles de Daytona

# EDDY LAWSON

1987. Lawson en conversation avec Agostini. L'Américain porte haut les couleurs des casques Shoeï.

# LE COW-BOY SOLITAIRE

**Capable de faire gagner plusieurs usines, bien loin de la star système, l'Américain ne s'est attaché ni aux numéros ni aux couleurs pour faire rayonner son talent.**

Raymond Roche, sur Honda et Lawson toujours sur Yamaha.

Fils et petit-fils de pilotes, Eddie Lawson voit le jour en Californie où très vite il débute sur les anneaux de Dirt-track. Travailleur acharné, à la précision chirurgicale, à la froideur en toute circonstance, il débarque en Grand Prix par la catégorie 250 en 1981 avec en poche un titre américain. Après une année d'apprentissage en 1983 sur la 500 Yamaha, le pilote décroche le Graal coiffé de son casque Bell aux couleurs… de sa Yamaha et de son sponsor principal. Supplanté par un autre Américain extra-terrestre, l'année suivante, il récupère sa couronne en 1986. Après un nouveau titre sur la Yamaha deux ans après, il passe chez Honda avec un passage également chez les Japonais de Shoei. Pas fétichiste ni superstitieux, l'Américain décore ses casques et ses vêtements aux couleurs de ses sponsors passant du rouge au bleu de cigarettiers faiseurs de rois. Après avoir fait gagner la Cagiva, et une dernière victoire aux 200 miles de Daytona, Eddie Lawson tourna le dos à ce milieu où il ne s'est jamais senti appartenir.

“ Après un passage chez l'américain Bell, Eddie Lawson signera chez Shoei. Il troquera aussi le rouge Marlboro pour le bleu Rothmans, ou les couleurs de l'usine Cagiva privilégiant finalement l'esthétisme à la superstition. ”

SHOEI
SHOEI
DAINESE
SHOEI
DUNLOP
MITO
Agip
STYLMARTIN

# UN PHÉNIX PLEIN DE PANACHE

**Si son palmarès n'est garni que d'un seul titre à cause d'une fougue exacerbée, Wayne Gardner est l'un des pilotes les plus talentueux de sa génération.**

1988, Gardner est champion du monde en titre.

Né aux confins de l'Australie, Wayne Gardner devient en 1981 champion d'Australie à 22 ans, supporté par un père passionné de moto. Exilé en Angleterre l'année suivante pour remporter le titre de Superbike TTF1, il débute en Grand Prix en 1983 où son panache et son côté tête brûlée font des étincelles. Après une première victoire en 1986, il devient champion du monde en 1987. Une performance qu'il ne pourra jamais rééditer à cause d'une fougue parfois mal maîtrisée au guidon de sa Honda NS privilégiant coûte que coûte la victoire. Le constructeur Honda ayant apporté son soutien à Shoei au milieu des années 1960, c'est naturellement vers elle que se tourne Wayne Gardner pour s'équiper notamment du révolutionnaire GRV, premier modèle à employer de la fibre de carbone et du Kevlar. Avec quelques variantes dans la décoration, ses casques restaient néanmoins aux couleurs du sponsor.

# WAYNE GARDNER

Comme beaucoup de pilotes de cette époque, Gardner a fait confiance à Shoeï.

Gardner et Lawson. C'est ce dernier qui lui ravira le numéro 1.

1992. Wayne Rainey est champion du monde pour la troisième fois.

# LE TALENT BRISÉ

Né en 1960 dans une petite ville du Sud californien, c'est à l'âge de 6 ans que son père mécanicien lui offre sa première moto. Le jeune Rainey gravit les échelons du championnat américain (AMA) année après année avec succès, ce qui lui ouvre les portes de la catégorie 250 en Championnat du monde. Mais le passage aux motos 2-temps est difficile, et Wayne Rayney préfère retourner briller au pays avant de revenir par la grande porte et dans la catégorie reine en 1988. La progression constante du Californien le mène enfin au sacre suprême en 1990 à l'issue d'une saison dominée de la tête et des épaules sur sa Yamaha. Une performance qu'il réitère en 1991 et 1992. Mais l'année suivante face à un Kevin Schwantz survolté, sa conduite sur le fil le pousse au-delà des limites. Il fera également partie de cette génération de pilotes qui n'accordaient pas forcément beaucoup d'importance à la décoration, laissant la décoration à la main des sponsors.

**De ses débuts en AMA Grand National jusqu'à sa terrible chute en 1993 à Misano qui le laisse paralysé des membres inférieurs, le pilote californien sera «l'homme à battre».**

C'est en 1993 à Misano que Rainey part à la faute. Il ne se relèvera plus, définitivement atteint aux membres inférieurs.

# WAYNE RAINEY

À la conquête de son premier titre.

# KEVIN SCHWANTZ

Kevin Schwantz
et son style agressif
et inimitable.

# LE SPECTACLE AVANT TOUT

**Kevin Schwantz, c'est un pilotage flamboyant, des chutes impressionnantes et un sacre en 1993 devant une grille de départ comptant de grands champions.**

Deux casques et deux époques. C'est Aldo Drudi, le designer d'exception, qui réalisera les casques de Kevin.

Les premiers pas du jeune Kevin se font dans les allées du magasin de motos familial à Houston, ce qui le pousse fatalement à prendre en main un guidon pour s'essayer au pilotage. Passé d'abord par le tout-terrain où il arbore déjà le numéro 34 que portait son oncle Darryl Hurst, il progresse jusqu'au Houston Supercross où, après un volume monumental de plus en 1983, il déclare amusé, à la presse, qu'il part pour la course sur route parce qu'il «n'aime pas se salir» en tombant! Avec son style très droit sur la moto, le bas du corps sorti au maximum de la machine, mais les épaules derrière la bulle et la tête droite.

Fidèle à Suzuki qui le fit débuter, le pilote remporte le titre suprême en 1993, cinq ans après ses débuts face à de sérieux concurrents. Équipé des derniers modèles de la marque Arai, il sera le premier champion international à confier ses décorations à Aldo Drudi qui avait débuté avec Graziano… Rossi.

> « Équipé des derniers modèles de la marque Arai, il sera le premier champion international à confier ses décorations à Aldo Drudi. »

Arai
HELMET

Kevin

# MICHAEL DOOHAN

Doohan sera titré cinq fois de suite de 1994 à 1998.

# L'INDESTRUCTIBLE CHAMPION

**Mick Doohan aura marqué de son empreinte le Championnat du monde 500 dans les années 1990 avec 5 titres consécutifs de champion au guidon de la Honda NSR 500.**

Doohan et Jeremy Burgess, son chef mécanicien

Formé à l'école australienne du Dirt-track où il commença dès l'âge de 9 ans, Mick Doohan délaisse la moto lors du décès de son père en 1977. Après un premier retour, puis un second arrêt, il débute dans les championnats australiens 500 et 250, où il est remarqué par les responsables Yamaha pour piloter en Superbike TTF1 dans les championnats australien et japonais en 1987. Et c'est ainsi que le HRC (Honda Racing Corporation) l'enrôle pour le Championnat du monde 500 en 1989. Un an après ses débuts en GP 500, Mick Doohan remporte son premier succès en Hongrie, ce qui devait lui offrir le titre en 1992. Mais un terrible accident lors des essais du GP d'Assen, où il frôla l'amputation, retarda son sacre. Au guidon d'une moto modifiée avec le frein arrière au guidon, il écrasa la concurrence, équipé de son emblématique casque Arai avec les dessins de Drudi symbolisant le drapeau australien paré d'un petit Koala sur l'arrière.

# L'EMPEREUR ROMAIN

**Avec ses quatre titres de champion du monde 250 consécutifs de 1994 à 1997 et un titre champion du monde Superbike 2010, Max Biaggi a imposé son style.**

Avec Honda Max va se battre contre un Doohan intouchable.

Dans une Italie passionnée de moto mais aussi de football, le jeune Max Biaggi se voyait arpenter les pelouses jusqu'au jour où un dimanche d'été, il accompagne son ami Daniele jusque sur le bord de la piste du circuit de Vallelunga, à la périphérie de Rome. La magie opère et le choix du sport moto s'impose. Contre l'avis de son père, Pietro. Après des débuts laborieux marqués par des chutes mais aussi des coups d'éclats, il remporte le titre national en 1990 en 250, puis le championnat d'Europe l'année suivante, ce qui lui ouvre les portes des GP. Surnommé «Mad Max» pour son pilotage viril et ses relations difficiles avec le paddock, il est sacré en 1994. Après deux autres titres sur Aprilia et un autre sur Honda, le nouvel «Empereur romain» compte 27 victoires et 45 podiums avant son passage en catégorie reine. Victorieux dès sa première course au Japon en 1998 avec la Honda NSR alors qu'il joue le titre face à Michaël Doohan, son tempérament va anéantir ses ambitions. Il butera ensuite sur un autre dieu italien, ce qui le poussera à tenter l'aventure en Superbike avec un titre à la clé. Fidèle à la marque Suomy, il décorait ses casques avec des stickers allant du glaive, au plumeau des casques de légionnaire, en passant par des étoiles ou des évocations des pirates.

# MAX BIAGGI

En 1999, son passage chez Yamaha ne lui permettra pas de monter sur la plus haute marche du Championnat du monde.

# LORIS CAPIROSSI

Capirex commence
son parcours
du Moto GP
chez Honda.

# LE PRÉDATEUR

**Champion dans les catégories 125 et 250, Loris Capirossi a fait également briller son numéro 65 fétiche dans la catégorie reine.**

Forcément en naissant dans la province de Bologne, terre des Ducati notamment, le jeune Capirossi débuta très jeune à la moto. Précoce également lorsqu'il remporte son premier titre 125 $cm^3$ en 1990 à l'âge de 17 ans et 165 jours, effaçant des tablettes Johnny Cecotto. À l'inverse de son illustre aîné, il va rééditer l'année suivante sa performance. Logiquement monté d'un échelon, il obtient des victoires, des places d'honneur en championnat sans être titré. Cela lui ouvre tout de même les portes de la catégorie 500 pendant les années 1995 et 1996, mais sans réussite. Il redescendra d'un étage l'année suivante sur une Aprilia qu'il conduira au titre. Celui que l'on surnomme Capirex portera des casques AGV, Bieffe, Airoh mais surtout les modèles de la marque Suomy. Orné parfois de son emblématique numéro 65 et de son surnom, Loris Capirossi, viré de chez Aprilia pour avoir percuté son coéquipier Harada, il refait une saison en 250 chez Honda avant de monter en GP 500. Dans une période où 4-temps et 2-temps cohabitent, il faudra attendre son arrivée dans la toute nouvelle équipe Ducati à qui il offre la première victoire pour le voir briller à nouveau. Après 7victoires en MotoGP, Capirex a rangé son casque pour de bon à la fin de la saison 2011 en portant le numéro 58 de son copain Simoncelli.

C'est chez Ducati qu'il obtiendra ses meilleures performances, toujours fidèle aux casques Suomy.

# UN PRÉNOM À ÉCRIRE

Le destin de Junior était écrit ou presque. En marchant dans les pas de son illustre père, trois fois titré, l'héritage pouvait être lourd à porter. Aussi lourd qu'un aigle qui ornait le casque de son paternel et qu'il n'hésite pas à apposer sur son Arai. En débutant en moto-cross, il découvre le monde des courses sur piste à ses 20 ans en 1993. En rejoignant la catégorie 500 sur la Yamaha officielle dans le team dirigé par… son père, Kenny Roberts Junior se rajoute une pression supplémentaire. Il poussera le trait en suivant le projet ambitieux de son père de fabriquer sa propre moto Proton-Modenas avant de voler enfin de ses propres ailes en rejoignant le team Suzuki en 1999 où il signe ses premières victoires. La saison suivante est celle de l'apothéose où il se fait un prénom en plus d'un nom en remportant le titre avec 4 victoires et 9 podiums devant le débutant et futur ogre Rossi. En restant jusqu'en 2007 au guidon d'une Suzuki dépassée par les concurrentes, il étirera le fil de sa carrière avec en point d'orgue le destin d'un fils de champion devenu lui aussi champion du monde. Le seul à réaliser cet exploit.

**En marchant dans les pas de son père, Kenny Roberts Junior a redonné un lustre et un nouveau titre au mythique aigle.**

Kenny Roberts, père et fils, deux casques ornés d'un aigle qui brilleront au sommet du Championnat du monde.

# KENNY ROBERTS JR.

Avec Suzuki et Arai, Roberts Jr va tenter de rejoindre le palmarès de son père. Pari presque réussi avec un titre à son actif contre trois pour Roberts senior.

# OLIVIER JACQUE

Olivier Jacque a été l'un des premiers à faire briller les couleurs des casques Shark en Championnat du monde.

# LE TALENT GÂCHÉ

**Champion du monde 250 à la sortie d'un virage en doublant son coéquipier Shinya Nakano, Olivier Jacques a conquis le Graal après un parcours tortueux qui ne reflète pas son talent.**

Le passage chez Kawasaki ne fut pas une réussite pour le Français.

Passionné de moto, le jeune Olivier débute au guidon d'une Suzuki 125 TS avec le motoclub local Cobra de Longuyon dont il conservera l'emblème sur son casque. Il se tourne très vite vers les championnats de mobylettes pour arriver en championnat de France Open catégorie 125 où Marc Fontan, alors à la tête de la toute nouvelle équipe de France, le remarque. Olivier Jacque fait ses débuts en championnat d'Europe 250, antichambre des GP. Vice-champion, ce qui ne lui donne pas le billet direct pour les GP, il frappe à toutes les portes dont celle d'Hervé Poncharal et son team Tech3 qui le lance avec une vieille RS 250 Honda. Le Lorrain se classe meilleur débutant et meilleur pilote privé, ce qui lui offre une Honda officielle pour l'année 1996. Avec une première victoire, la progression est constante. Mais de vilaines chutes et blessures lui font perdre trois ans, avant d'être sacré en 2000. Un triomphe qui lui ouvre les portes de la catégorie reine où la malchance le rattrape avec de nouvelles blessures et des machines hors du coup. Passé chez Shoei, puis AGV l'année de son titre, on se rappelle ses décorations fleuries et réalisées par le peintre OCD sur ses modèles de la marque française Shark.

# LE PETIT SAMOURAÏ

**Fan de la culture japonaise, l'Espagnol a autant brillé que souffert avec son gabarit de jockey pour aller s'imposer avec honneur et courage.**

Après une carrière en MotoGP passée chez Honda, Dani deviendra pilote essayeur pour KTM.

Gabarit de poche, il a toujours trouvé sa motivation dans le fait que les gens le voyaient trop petit pour réussir. Passé par les courses de jeunes en Espagne, Dani Pedrosa arrive en Championnat du monde en 2001 à l'âge de 16 ans. Après des premiers podiums, puis trois victoires l'année suivante, il est sacré champion en 2003. Naturellement il passe à la catégorie supérieure où son gabarit est presque un avantage, où le poids est plus un handicap qu'autre chose. Victorieux, il devient à 19 ans et 18 jours le plus jeune champion de la catégorie. Il réalise le doublé avec en prime le record de 18 courses remportées avant l'âge de 20 ans, effaçant des tablettes Valentino Rossi. Fan du Japon, il roule bien évidemment avec un casque Arai, qui en plus de ses sponsors est orné d'un samouraï. Après ce doublé, Honda lui ouvre les portes du MotoGP. Mais malgré de belles victoires, son gabarit devient plus pénalisant pour dompter les monstres de la catégorie et offrir une certaine constance pour obtenir le titre suprême. Son sens de l'honneur le poussera au-delà des limites de son corps de little Samouraï.

# DANI PEDROSA

Pilote Redbull, Predosa arbora le taureau rouge sur ses casques.

# LA STAR INVENTE LE SHOW DES CASQUES

**Valentino Rossi est devenu la «star» incontestée de son sport grâce à ses neuf titres mondiaux, son numéro 46, ses records, son style de pilotage calculé, fluide, ses coups de pression sur l'adversaire mais aussi pour ses célébrations et ses casques aux multiples décorations.**

Dans la première partie de sa carrière après des débuts en karting, que sa mère trouve moins dangereux où on le voit affublé d'un casque Arai, le jeune se lance dans les championnats de mini-motos puis il débute en 1993, en 125 cm³ dans le championnat d'Italie Supersport qu'il remporte l'année suivante. En 1996, après une année en championnat d'Europe 125 cm³, Valentino s'attaque au Championnat du monde 125 avec Aprilia. Il y confirme son talent avec une 3e place en Autriche et sa toute première victoire en République tchèque. Décomplexé, plus expérimenté, Valentino enchaîne les victoires en 1997. Sur les 15 manches que compte le championnat, l'irrésistible Italien en remporte 11. Il étrenne, à 18 ans, sa première couronne mondiale. Pendant ces années, il étrenne un modèle AGV Q3 Pro (Professional) qui est l'évolution du précédent Q3, à son tour une évolution du Quasar, développé avec Wayne Rainey. Dotée de prises d'air en forme de goutte à l'avant et d'un extracteur dans la partie supérieure, sa coque était un mélange de fibre de carbone, fibre d'aramide et fibre de verre. On y découvre aussi ses multiples variations autour du premier graphisme, le mythique Soleluna : mélange de lune et de soleil… comme le ying et le yang.

# VALENTINO ROSSI

Valentino Rossi
va marquer
de son empreinte
l'art du casque.

# VALENTINO ROSSI

2002

Dès ses débuts dans la catégorie reine, Valentino va porter des casques à la décoration unique et sophistiquée.

**Malgré une superstition plus qu'exacerbée, le pilote italien multiplie les décorations spécifiques en fonction des circuits et des titres.**

Valentino Rossi débarque en champion du monde 125 dans la catégorie supérieure en 1998 en étrennant un nouveau modèle AGV : le X Vent, qui l'accompagnera en 500 jusqu'en 2002. L'aventure se poursuit donc en 250 cm³, toujours chez Aprilia

avec une année pour apprendre où il termine vice-champion du monde 250 cm³ derrière Loris Capirossi, et une année pour gagner avec 9 victoires sur 16 Grands Prix, le jeune Italien de 20 ans à peine décroche déjà son deuxième titre mondial! Avec deux titres de champion du monde, il débarque dans la catégorie suprême : le 500GP avec encore une fois ce rythme d'une année pour découvrir ponctuée de victoires, et une année pour imposer son talent. Pendant ses quatre années, Rossi est équipé du AGV, le X-Vent, évolution du précédent Q3. Fabriqué à partir de fibres composites, de carbone et de fibre de verre, il se distingue par la présence d'une grande prise d'air sur le dessus de la coque et par les deux canaux de ventilation qui se dirigent vers l'arrière de celle-ci. En multipliant les décorations au gré des évènements comme la course d'Imola 98, où pour son deuxième titre de champion du monde en 1999, les courses en Italie et notamment au Mugello ou en Italie sont autant de prétextes pour qu'Aldo Druid réalise les désirs du fantasque Italien et sa tribu. On n'oublie pas aussi l'arc-en-ciel de Rio 2002, pour son quatrième titre mondial.

**En 2003, pour sa dernière année chez Honda sur la RCV, puis son passage chez Yamaha, Valentino Rossi étrenne un nouveau casque AGV : le Ti-Tech.**

Forcément l'histoire est belle pour le pilote qui n'a pas failli avec le passage au 4-temps. Avec un nouveau titre chez le numéro 1 mondial, il tente une nouvelle aventure en 2004

En 2003, à Misano, Rossi est encore chez Honda et inaugure un casque « flower power ».

en emportant avec lui toute son équipe technique et forcément son AGV Ti-Tech. Fabriqué en matériau composite de fibre d'aramide et de carbone, il introduit pour la première fois des prises d'air en titane, pour assurer une sécurité maximale même au niveau des points d'ouverture de la coque. La visière est dotée du système de détachement rapide XQRS (Extra Quick Release System) pour la remplacer en quelques instants sans utiliser d'outils. Parmi les graphismes inoubliables, on se souvient du modèle fleuri de Valencia 2003, en raccord avec la moto. Le casque du Mugello 2004, avec sa décoration boisée, l'inoubliable «Che spettacolo» pour le sixième titre la même année, puis les célébrations à Laguna Seca et Valencia 2005, où le septième titre à Sepang également en 2005.

Comment ne pas oublier le cœur du Mugello de 2007, son visage imprimé au GP d'Italie 2008, l'âne de 2009 ou le solaire modèle qui s'impose dans le virage du Corkscrew à Laguna Seca, où il s'impose aux forceps devant Stoner qui arbore le n° 1 remporté l'année précédente ou encore la décoration de 2010 lors de ses au revoir à Yamaha et son passage chez Ducati.

# VALENTINO ROSSI

2003

Valentino prône la paix dans le monde, Barcelone 2003.

Lors du GP d'Italie de 2003, Rossi exhibe son nouveau casque.

« Quel spectacle ! », affirme le casque de Valentino lors du GP d'Australie en 2004.

# VALENTINO ROSSI

2004

En 2004, Rossi accroche son quatrième titre en MotoGP à son palmarès. Son casque en est le reflet.

> “ Parmi les graphismes inoubliables, on se souvient du casque du Mugello 2004, avec sa décoration boisée. ”

C'est au GP d'Italie que Valentino arbore sur son casque sa victoire au Championnat du monde.

Lors du GP d'Italie en 2005, le titre de docteur honoris causa lui est décerné par l'université d'Urbino.

# VALENTINO ROSSI

2005

Docteur honoris causa en communication, Rossi est à l'université !

# VALENTINO ROSSI

2005

Hippopotame, oiseau et dauphin ornent le casque du pilote italien lors du GP de Valence en 2005.

À Sepang, le
30 novembre 2005

KERAKOLL
agv
46

KERAKOLL
agv
74

74
46 QUARANTASEI

agv
1
TRIBÙ DEI CHIHUA
KERAKOLL
agv
46

agv
1
TRIBÙ DEI CHIHUAHUA
KERAKOLL
46

# VALENTINO ROSSI

2006

C'est à Milo Manara, le fameux dessinateur de BD, que Rossi rend hommage lors du GP d'Italie en 2006.

# VALENTINO ROSSI

2006

Le casque de Rossi retrouve un design plus classique lors de la saison 2006.

Le jaune domine
la saison 2006, ici
au GP du Portugal.

# VALENTINO ROSSI

2007

En 2007, c'est un partenariat avec Fiat qui donne le ton des couleurs du casque de Rossi.

**“ Valentino Rossi s’est servi de ses casques pour faire passer ses messages engagés, futiles ou commerciaux. ”**

Casque spécial pour
les tests à Sepang
en janvier 2007

> Fabriqué en matériau composite de fibre d'aramide et de carbone, Le Ti-Tech introduit pour la première fois des prises d'air en titane.

Casque d'inspiration aborigène, ici au GP de Malaisie en 2007

# VALENTINO ROSSI

2008

# VALENTINO ROSSI

2008

Au GP d'Italie en 2008, le casque de Rossi s'orne de sa propre photo.

“ Valentino Rossi ne recule devant aucunes facéties pour mettre la pression sur ses adversaires. ”

7e victoire consécutive pour Rossi au GP d'Italie en 2008

46
GP-TECH

agv
Drudi Performance

agv
Drudi Performance

agv
agv
Drudi Performance

# VALENTINO ROSSI

2009

Le soleil flamboyant et la lune étoilée sont de retour en 2009.

# VALENTINO ROSSI

2009

C'est une poule aux œufs d'or qui fait son apparition sur le casque de Rossi lors de la manche de Sepang en 2005.

TRIBÙ DEI CHIHUAHUA
MONSTER
ENERGY
agv

CHIHUAHUA
46
agv

9

TRIBÙ DEI CHIHUAHUA
MONSTER
ENERGY
agv

TRIBÙ DEI CHIHUAHUA

Après sa chute à Indianapolis et malgré sa victoire, Rossi s'affuble des oreilles d'âne sur le podium à Misano en 2009.

# VALENTINO ROSSI

2009

« Je suis un âne » proclame le casque de Valentino.

Aldo Drudi est le génial concepteur et designer des décorations des casques de Rossi ainsi que de nombreux autres pilotes.

Rossi à terre ! Une rare chute de l'Italien lors des essais à Sepang en 2009.

TRIBU
agv
Drudi Performance

CHIHUAHUA
agv
Drudi Performance

46

agv
TRIBU DEI CHIHUAHUA
MONSTER
ENERGY

agv
Drudi Performance

46
agv
Drudi Performance

# VALENTINO ROSSI

**2010**

Lors du GP des USA en 2010, à Laguna Seca, Rossi rend hommage à ses fans à travers la décoration de son casque qui leur est dédiée.

# VALENTINO ROSSI

2010

Un joker qui n'aura pas réussi à l'Italien. Rossi chute aux essais du GP d'Italie 2010 et se casse la jambe…

Drudi Performance
agv

Drudi Performance
CHIHUAHUA
agv

agv
46

agv

agv

TRIBÙ DEI CHIHUAHUA
MONSTER
ENERGY
agv

46
CESARE...
...CHE SIA IL CASO DI PREOCCUPARSI ?!!
GEEH!...

TRIBÙ DEI CHIHUA
agv
MONSTER
ENERGY

agv

« Il est temps de se réveiller » dit le casque de Rossi pour son retour à Misano après sa chute au GP d'Italie.

agv
TRIBU DEI CHIHUAHUA
MONSTER
ENERGY

agv

agv

agv
TRIBU DEI CHIHUAHUA

46

Le mystère Ducati semble dire le casque de Valentino… Une période difficile s'ouvre pour Rossi en 2011.

# VALENTINO ROSSI

2011

agv
Drudi Performance

agv
Drudi Performance

DUCATI
Drudi Performance

agv
DUCATI

agv
DUCATI

agv
DUCATI
TRIBÙ DEI CHIHUAHUA

agv

46

agv
58
TRIBÙ DEL CHIHUAHUA
DUCATI
Performance
46

2011, Rossi perd son ami Marco Simoncelli en Malaisie, au GP de Valence. Valentino lui rend hommage en inscrivant son numéro, le 58, sur son casque.

# VALENTINO ROSSI

2011

« L'œil était dans la tombe et regardait Caïn ». Le casque de l'Italien exprime ses doutes lors de la saison 2011 avec Ducati.

> “Superstitieux, il va chercher dans sa vie personnelle comme dans la mythologie des idées pour faire passer ses messages.”

**Après une année difficile chez Ducati, Valentino Rossi troque son Ti-tech pour un modèle AGV Pista GP. Mais cela ne changera rien à ses résultats… dans un premier temps.**

Sonné mais pas encore KO nous dit le casque de Rossi à Misano en 2012.

La première version du révolutionnaire AGV Pista GP débarque en 2012 aux tests hivernaux de Sepang dans la livrée noire. Ce nouveau casque innovant pour la marque italienne introduit de nouveaux concepts de protection et de performances aérodynamiques. Avec sa coque entièrement en fibre de carbone, et sa forme développée spécialement en soufflerie, il introduit un spoiler arrière pour faire le lien entre la bulle de la moto et la bosse de la combinaison.
Il prend les couleurs du Docteur pour une nouvelle saison émaillée de chutes avant de retrouver la Yamaha, en 2013. Avec un retour sur le devant de la scène, on se rappelle le modèle Wish de Misano en 2013 en hommage à Simoncelli et s'inspirant de la chanson des Pink Floyd. Le modèle étrenné à Misano en 2014 «Misano ci dà una mano» avec les empreintes de ses mécaniciens, ses chiens ou les lèvres de sa petite amie ou sa mère, sans oublier le numéro 58 en hommage à son ami Simoncelli, est aussi un exemple des idées les plus folles du génie italien mises en œuvre par Aldo Drudi. Le poisson avec le numéro 46 poursuivi par un requin (Jorge Lorenzo) en 2015 à Misano était également une autre facétie dont le champion avait le secret pour faire passer ses messages aux concurrents.

La période Ducati a fait douter Valentino. Drudi lui offre un casque qui traduit cette difficulté.

# VALENTINO ROSSI

2012

Mugello
agv
DUCATI
Drudi Performance

27° Festi
agv
DUCATI
Drudi Performance

TRIBÙ DEI CHIHUAHUA
agv
DUCATI
Drudi Performance

27° Festival del
Fatti mandare dalla mamma a prende
58

27° Festival del Mugello
Fatti mandare dalla mamma a prendere il latte...
58

TRIBÙ DEI CHIHUAHUA
DUCATI
DUCATI

« Restons unis » nous dit le chanteur italien Gianni Morandi. Un message que Rossi entend faire passer à l'équipe Ducati en 2012 au Mugello.

agv
TRIBÙ DEI CHIHUAHUA
46
Drudi Performance

# VALENTINO ROSSI

2013

> « Avec plusieurs décorations de casques par saison, Valentino Rossi alliait humour et passion. »

C'est la tortue fétiche de Valentino qui orne le casque lors du GP d'Italie au Mugello en 2013.

Aldo Drudi a traduit avec humour la passion de Rossi pour sa tortue.

# VALENTINO ROSSI

2013

# VALENTINO ROSSI

2014

« Cours après moi que je t'attrape » dit le casque de Valentino lors des winter tests en 2014.

agv
MONSTER
ENERGY
agv

agv

agv
agv
46
Drudi Performance

agv

agv
46
Drudi Performance

agv
TRIBÙ DEI_CHIHUAHUA
46
Drudi Performance

PASTA
ITALIANA
agv

NON
SCUOCE MAI
agv

Maccheroni
46
PASTA
ITALIANA
NON SCUOCE MAI
46

Maccheroni
46

Maccheroni
46
DI VALE
Passione Italiana
agv

DI VALE
Passione Italiana
agv
MONSTER

# VALENTINO ROSSI

2014

Au Mugello en 2014, Rossi fait la promotion des pâtes « Di Vale » : Buono !

Une invention humoristique de son ami Aldo Drudi.

# VALENTINO ROSSI

2014

Le casque de Valentino lors du GP à Misano en 2014 est décoré des empreintes de main de ses mécaniciens ainsi que des marques de lèvre des deux femmes de sa vie : Stefania, sa mère et Linda, sa compagne de l'époque.

agv
MONSTER ENERGY
agv
Drudi Performance
CI DA UNA MANO

agv
agv
Drudi Performance
CI DA UNA MANO

agv
46
agv
Drudi Performance
CI DA UNA MANO

46
agv
agv
58

agv
agv
Drudi Performance
MISANO

agv
MONSTER ENERGY

Le casque de Rossi s'orne de flocons de neige lors des winter tests, 2015

Au Mugello 2015, le casque de l'Italien représente une batterie qui se recharge. Il est de nouveau chargé à bloc et les fans de Valentino sont son énergie.

**“** Les idées les plus folles du génie italien étaient mises en oeuvre par Aldo Drudi. **”**

# VALENTINO ROSSI

2015

Le requin va-t-il croquer le petit poisson ? Le requin n'est autre que Jorge Lorenzo et le petit poisson Vale.

**Alors que le champion se bat contre un crépuscule face à une armada de jeunes pilotes, il fait toujours la différence avec ses modèles GV Pista R puis RR qu'il gratifie de décorations toujours aussi originales.**

Alors qu'il lutte contre l'ogre Marquez, Valentino Rossi reçoit la nouvelle création de la marque italienne : l'AGV Pista GP R (16/17), qui n'est que l'évolution du précédent modèle avec notamment des solutions plus poussées en termes d'aérodynamisme avec le spoiler Biplano qui se démarque en améliorant le coefficient de pénétration aérodynamique. Deux conduits, très utiles pour mieux canaliser l'air à l'intérieur du casque sur les circuits les plus chauds, sont également situés sur les prises d'air de la mentonnière. Parmi les coloris les plus marquants, il est différent du nouveau Soleluna 2016 au Mugello ou du Sweet home Misano de la même année. Deux ans après, une nouvelle version avec un R en plus débarque et accompagnera le champion jusqu'à sa retraite. Le Pista GP RR se reconnaît avec le Pro Spoiler qui remplace le Biplano, pour augmenter encore les performances et la stabilité du casque à grande vitesse. En 2019, la Fédération internationale de moto impose une homologation pour les normes de sécurité qui n'entraîne néanmoins aucun changement. Rossi dévoile un nouveau graphisme Soleluna en 2018, puis les livrées tricolores du GP du Mugello 2018 et 2019, le très coloré Winter Test pour 2019, puis l'ultime version du casque pour 2021. Valentino ira même jusqu'à gratifier son casque d'un nœud rose, pour saluer l'arrivée imminente de sa fille, et d'un énorme cœur jaune pour le dernier casque enfilé lors de l'ultime Grand Prix de sa carrière pour remercier ses fans qui l'ont suivi pendant ses 18 ans de carrière en achetant aussi ses nombreux modèles réplica.

# VALENTINO ROSSI

2016

En 2016, Valentino rend hommage à son film préféré *Les Blues Brothers*... Valentino et Uccio, son ami, prennent la place de Belushi et de Aykroyd.

agv
MONSTER
ENERGY
GoPro
Drudi Performance

VALENTINO ROSSI

2017

UN CAPITANO... C'È SOLO UN CAPITANO!
agv

HO JE FACCIO ER CUCCHIAIO...
YAMAHA
ROSSI 46
agv

agv
MUGELLO 2017
4669
Drudi Performance

agv
MUGELLO 2017
4669
Drudi Performance

> « Alors que le champion se bat contre un crépuscule face à une armada de jeunes pilotes, il fait toujours la différence avec ses modèles GV Pista R puis RR. »

Casque pointilliste pour les tests d'hiver en 2018.

# VALENTINO ROSSI

2018

« Back to Misano ».
Après son accident
Valentino fait son
retour à Misano.

Le casque fait aussi référence au film *Retour vers le futur.*

# VALENTINO ROSSI

2018

> « Misano et le Mugello ont été les théâtres des créations les plus fantastiques. »

À Misano en 2019, Rossi nous offre sur son casque un menu typiquement italien dont la pizza est le plat principal.

VALENTINO ROSSI

2019

# VALENTINO ROSSI

2020

Mieux que le viagra, la doppia di Misano. Rossi vante les bienfaits de la Doppia 46mg VR46 !

# VALENTINO ROSSI

Pour son dernier passage au Mugello, le casque de Rossi est décoré d'une vache qui nous meugle : «Muuuugello ! »

2021

agv
46

agv
SRT
GoPro

agv

agv
OAKLEY

agv
SRT

agv
SRT
GoPro

agv
FORZA VALE

agv
SRT
GoPro
Drudi Performance

agv
FORZA VALE

agv

# CHAMPION MYSTIQUE

**Champion du monde en 125, Andrea Dovizioso a buté sur un plafond de verre malgré l'invocation des forces ancestrales.**

**« Je suis né en 1986, et la même année est arrivé le dessin animé "Les chevaliers du zodiaque"**, une série japonaise dont les protagonistes étaient des chevaliers mythiques avec une armure et des pouvoirs spéciaux. Ils se sont battus pour la domination du bien sur le mal. Le plus représentatif des bons chevaliers était Pegasus, inspiré du cheval blanc ailé mythique Pégase qui, grâce à son armure, s'est transformé en cheval blanc robotique, rationnel et ingénieur comme moi!» confie le champion quand il aborde la saison 2017 avec son nouveau casque Suomy. Baignant dans la compétition moto dès le plus jeune âge, son pilote de père lui offre sa première moto à l'âge de 4 ans. Champion de courses sur route mini en 1997 et 1998 en Italie lui ouvre les portes des filières habituelles qui le mènent jusqu'à la catégorie 125 en Championnat du monde. Après deux années d'apprentissage, il signe sa première victoire en ouverture de la saison 2004, ce qui lui ouvre la voie du titre. Passé en 250, avec de nombreux podiums et victoires, il bute sur plus fort que lui trois années de suite, ce qui ne lui ferme pas la porte au MotoGP. Honda lui fait confiance pendant trois saisons entre 2008 et 2011 avec une seule victoire à la clé. Après un bref passage chez Yamaha et Tech3 et quelques places d'honneur, c'est chez Ducati qu'on le retrouve dès 2013 pour remplacer Valentino Rossi. Il lui faudra attendre 2016 pour emmener la Desmocedici sur la plus haute marche d'un podium, devenir DesmoDovi et faire de lui un candidat au titre l'année suivante. Mais malgré de nombreuses victoires, il ne pourra jamais faire mieux que second trois années de suite, puis une quatrième place en 2020. Il n'aura pas réussi à réunir tous les pouvoirs de Pégase pour conquérir l'Olympe.

# ANDREA DOVIZIOSO

C'est avec Ducati que Dovizioso remporte ses plus belles victoires faisant honneur aux chevaux qui décorent son casque.

# NICKY HAYDEN

À travers son casque, Nicky Hayden rend hommage à l'équipe de football, les Indianapolis Colts, lors des GP des USA et d'Australie en 2008.

# LE KID DU KENTUCKY

**Avec son numéro 69, Nicky Hayden fut champion du monde face aux plus grands pilotes de la catégorie.**

«Le **numéro 69** est un **numéro** spécial dans notre famille. Avant même la naissance de mon frère et de ma sœur, mon père courait avec ce **numéro** et d'autres membres de la famille, que mon père a toujours soutenus, ont couru avec le **numéro 69**.» C'est donc naturellement que le kid du Kentucky l'appose sur sa moto mais aussi sur ses casques. Débutant en Dirt-track, il vient sur les circuits et à la vitesse à l'âge de 11 ans, et abandonne complètement le cross et le dirt deux ans plus tard. Lancé en 1998, à 17 ans dans le championnat nord-américain avec Honda, puis deux ans plus tard en AMA Superbike où il se classe second pour sa première année. Titre 2002 en poche, il obtient son billet pour les GP où il débarque au côté de Valentino Rossi sur les recommandations de Mick Doohan. Il lui faudra attendre 2005 pour signer sa première victoire. En 2006, il devient un candidat sérieux au titre. Après une saison riche en rebondissements, il devient champion du monde en résistant à Valentino Rossi qui chutera lors de la dernière course de la saison. Le changement de cylindrée en 2007 ne lui permettra pas de doubler la mise, et il ira chez Ducati en 2009, où il ne s'adaptera jamais à une moto compliquée. Après un passage chez Aspar au guidon d'une Honda, il migre vers les Superbike où il remporte une victoire entrant dans le cercle fermé des pilotes ayant gagné dans les deux catégories. Débutant chez Honda, il se tournera naturellement vers le constructeur Arai à qui il restera fidèle toutes sa carrière avec comme tout bon Américain qui se doit des décorations avec la bannière étoilée et l'emblématique numéro 69.

# LA FORCE BRUTE

**Double champion du monde, sur deux marques différentes, Casey Stoner a toujours eu l'Australie dans un coin de sa tête.**

Pour un Australien, l'exil est obligatoire pour devenir champion. C'est ainsi que très tôt les parents du jeune Casey favorisent son envol vers la Grande-Bretagne. Pour ses 15 ans, il débarque en Championnat du monde 125 où il marque ses premiers points. Mais en 2002, il passe à l'étage supérieur pour une année, avant de revenir en 125 l'année d'après pour y signer son premier succès. Après une année de plus, un nouveau passage en 250 où il joue le titre, le voilà propulsé en MotoGP en 2006. Avec ses casques Nolan, à qui il reste fidèle, teintés d'orange et de bleu, de symboles et d'animaux australiens pour combattre son déracinement, il signe une première pole et un podium sur la Honda LCR. Recruté par la jeune équipe Ducati, il livre une saison de titans où son pilotage incisif et hors norme lui offre le Graal face à Valentino Rossi. Vice-champion en 2008 où il troque son numéro 27 fétiche pour le numéro 1, il est marqué par des soucis de santé et des chutes les deux années suivantes. Mais Honda croit toujours au talent de l'Australien, et après une superbe saison il s'offre le titre le jour de ses 26 ans, le 16 octobre sur ses terres à Philipp Island. L'année 2012 sera l'année de trop, et après une nouvelle blessure, le mal du pays se fait sentir, et il raccroche le casque qui reste néanmoins toujours une très bonne vente chez le constructeur italien.

# CASEY STONER

Casey Stoner restera très fidèle à sa décoration de casque de MotoGP, peu de variantes se retrouveront sur le marché.

# JORGE LORENZO

C'est en 2016 que Lorenzo passe chez le constructeur Shark. Comme en écho au casque de Rossi du Mugello 2015, l'Espagnol arbore une magnifique gueule de requin lors du GP d'Aragon en 2016.

# LE SPARTIATE ESPAGNOL

**Avec une carrière de 18 saisons en Championnat du monde auréolé de 5 titres, Jorge Lorenzo a lui aussi joué le jeu des personnalisations sur son casque même si deux ont été plus marquantes.**

Alors que le jeune Jorge partage son temps entre Palma et la Galice, après sa naissance à Majorque aux Baléares, il s'essaye rapidement au mini-cross avant de se lancer sur piste en 1997 pour ses 10 ans. Victorieux de la coupe Aprilia, il obtient une dérogation pour courir à 13 ans en championnat d'Espagne 125, et patiente jusqu'à ses 15 ans pour débuter en Championnat du monde où il ne tarde pas à remporter sa première victoire en 2003 équipé d'un casque NZI avec l'énorme logo d'une marque de sucette. Un sponsor qu'il gardera lors de sa montée en 250 en 2004, où il commence à briller avant de remporter deux titres de suite en 2006 et 2007. Il débarque en MotoGP dans le team Yamaha avec un rival de taille, Valentino Rossi. Passé chez les Italiens de Xlite, Jorge Lorenzo signe la pole position pour son premier GP en nocturne au Qatar, et après plusieurs victoires mais aussi quelques chutes mémorables qui le privent de titre, il concrétise sa domination avec le titre en 2010. Par mimétisme et pour affirmer sa puissance naissante, ses décorations de casques HJC puis chez Shark alternent en fonction des GP et des coups marketing. FC Barcelone, Avengers, la conquête spatiale, mais aussi un serpent, on retiendra surtout la flèche blanche qui tourne autour d'une croix rouge. Un dessin par rapport à son surnom Por Fuera (par l'extérieur) car il ne dépasse pas par la corde. À l'arrière du casque, il rajoute également un casque spartiate pour rappeler que les pilotes sont des guerriers qui ne baissent jamais les bras, même s'ils aiment les sucettes.

# LE FUNAMBULE D'ACIER

**Fort d'un palmarès hors du commun, funambule, dur au mal, Marc Marquez est aussi un pilote fidèle aux symboles et à une marque : Shoei et ses fameux X-Spirit.**

Alors qu'il a débuté dès ses 4 ans en mini-cross, il s'essaye à la piste quatre ans plus tard pour passer par toutes les catégories espagnoles, mais son gabarit de fourmi l'oblige à travailler encore plus. Il gardera ce surnom avec une petite variante «fourmi de Cervera» sur les circuits, il sera baptisé «el tro de cervera» pour le tonnerre de Cervera dans sa ville natale. Il débarque en Grand Prix à 15 ans à peine et après deux saisons pour apprendre, il entame la saison 2010 avec une nouvelle machine, un statut de favori et un nouveau casque de la marque Shoei. Malgré plusieurs chutes, il remporte le titre et logiquement il monte en Moto2. Vice-champion, et malgré les sollicitations pour monter directement en MotoGP, il préfère rester dans la catégorie intermédiaire et devenir champion. Propulsé directement dans un team-usine, chez Honda Respol, une première pour un jeune pilote, il étrenne un nouveau casque avec la fameuse fourmi, symbole de sa taille mais surtout de sa force. Avec des angles et des sauvetages jamais vus, Marc Marquez enchaîne les victoires et les titres. Après une saison 2015 âpre face à Lorenzo et Rossi, il impose à nouveau sa domination entre 2016 et 2019. Les années suivantes, il dépassera la limite à de nombreuses reprises avec des saisons quasi blanches. Sans être superstitieux, le pilote aime les beaux objets et un nouveau casque est toujours un évènement pour lui, à l'image du modèle Gaudi, Iron Head, Rodéo, ou les variantes autour de la fourmi.

# MARC MÁRQUEZ

La fourmi reste l'animal symbole de Marc Marquez, «c'est l'insecte le plus fort du monde proportionnellement» affirme-t-il en décembre 2017.

# JOHANN ZARCO

Le drapeau impérial japonais ornera longtemps le casque de Johann avant de disparaître au profit d'une décoration plus consensuelle.

# LE CHAMPION VALEUREUX

**Adepte des entraînements intensifs, fidèle à ses valeurs et à certaines traditions, Zarco aime passer ses messages avec les différentes décorations sur son Shark.**

Originaire de Cannes où il voit le jour en 1990, le jeune Johann Zarco va faire ses armes en championnat d'Europe et d'Italie de Pocket-bikes avant d'être retenu pour la Red Bull MotoGp Rookie Cup qu'il remporte en 2007.

Après un bref passage dans la MotoGP Academy, il débute en 125 $cm^3$ en 2009, et après deux années à apprendre, il peut enfin se mêler à la lutte pour le titre. Vice-champion 2011, il débarque en 2012 en Moto2, et après encore plusieurs années d'apprentissage méticuleux il remporte le titre 2015. Mais faute d'une place satisfaisante en MotoGP, il préfère rester dans la catégorie intermédiaire pour doubler la mise. Pari réussi pour le Français, seul pilote à avoir réussi ce doublé. Pilote Tech3 chez Yamaha en 2017, où il réussit de belles performances, il signe pour un guidon d'usine chez KTM. Mais l'histoire tourne court, et il préfère se retirer. Après des essais chez Honda, et une place espérée chez Suzuki, il trouve place chez Ducati Avintia puis le team Pramac en 2021 où il signe de nombreux podiums. Toujours coiffé de son Shark Race-R Pro Gp, il se sert de ce dernier pour faire passer ses messages d'hommages pour d'anciennes gloires moto ou auto, ou des remerciements à ses sponsors les plus fidèles. Confié à Vyrus Graphics, il aime aussi jouer avec les drapeaux comme le français, mais aussi l'ancien drapeau japonais pour l'esprit kamikaze ou encore le drapeau hongrois pour l'épouse Andrea Fellon, femme de son mentor.

# LE PRODIGE FRANÇAIS

**Surnommé El Diablo en référence à l'image de diable sur son casque mais aussi pour son pilotage, Fabio Quartararo est le seul Français à être champion motoGP.**

Avec un père champion de France 125 cm$^3$, le destin du jeune Fabio était tout tracé. Débutant à 4 ans, il s'exile en Espagne pour se frotter à une concurrence bien plus rude. Le pari est réussi et en 2013, il devient le plus jeune pilote

à remporter le championnat CEV Moto3. Trop jeune pour monter en Championnat du monde, il défend son titre avec brio avant d'obtenir une dérogation pour se lancer dans le grand bain. Le petit prince de Nice débute avec de belles performances pole position, meilleur tour , podiums, sans pour autant pouvoir se mêler à la course au titre. Après une année au purgatoire chez Leopard en Moto3, il faudra attendre la seconde année de son passage en Moto2 pour qu'il signe sa première victoire. Après les casques Shoei puis KYT, il attaque le motoGP coiffé de son casque Scorpion Exo R1 Air dans le team Yamaha Petronas. Il devient le 4 mai 2019 le plus jeune poleman lors du GP d'Espagne. Meilleur rookie de l'année 2019, il obtient une machine officielle pour la saison suivante, ce qui lui permet de remporter ses premiers GP et prendre le dessus sur son idole Valentino Rossi. Propulsé dans le team officiel l'année suivante en lieu et place du Doctor, El Diablo remporte le titre suprême en 2021. Avec un équipement en dessous de la concurrence il réussit tout de même à obtenir le titre de vice-champion en 2022 avant d'entamer la nouvelle saison avec une nouvelle marque de casque HJC... pour écrire une nouvelle page diabolique de son histoire.

# FABIO QUARTARARO

La tête de diable va suivre la carrière de Fabio Quartararo jusqu'au titre suprême en 2021. En 2023, il abandonne son casque Scorpion au profit d'un HJC.

# FRANCESCO BAGNAIA

GoFree annonce Bagnaia, premier pilote Ducati champion du monde depuis Casey Stoner.

# LE RÊVEUR ITALIEN

**Surnommé Pecco par sa jeune sœur, le pilote avait un rêve : rouler pour Ducati en Championnat du monde. Il sera champion sur une machine de Borgo Panigale !**

C'est en admirant la Ducati 996 dans le garage de son oncle qu'il a forcé son destin pour arriver à ses fins avec en prime un titre de champion du monde. Après des classes par les catégories de jeunes en Italie mais aussi en Espagne, il débarque en Championnat du monde Moto3 dans l'équipe VR46 du champion italien Rossi. Après une première victoire en 2016, il monte en Moto2 pour devenir meilleur rookie avant de remporter le titre 2018. Ce qui lui ouvre les portes du team Pramac chez Ducati qui lui permettent de faire ses armes. Propulsé dans le team officiel, son rêve est enfin réalisé. Mais il ne s'arrête pas là et après un titre de vice-champion, il réussit à garder son sang-froid pour remporter le titre 2022. Attaché aux chiffres, celui qui portera le numéro 21 à ses débuts, passera au 42 puis au 63 en changeant de catégorie. Il garde aussi une fidélité au rouge et aux toiles d'araignées par rapport au premier casque offert par ses parents. Fidèle à la marque Suomy, le pilote italien tentera aussi des décorations spéciales comme son mentor avec plus ou moins de réussite à l'image du casque rendant hommage à Dennis Rodman lors du Grand Prix de Saint-Marin. Pour 2023, il devrait reprendre le championnat avec de nouveaux rêves plein le casque.

# CRÉDITS PHOTOS

Toutes les photos :
© Gold & Goose

À l'exception de :
© Getty Image

British motor cyclist Mike Hailwood, 1968. (Photo by © Hulton-Deutsch Collection/CORBIS/Corbis via Getty Images)
10th September 1956: British motorcyclist and racing driver Geoff Duke practicing for the Grand Prix at the famous Monza track near Milan. (Photo by Keystone/Getty Images)
British motorcycle road racer Mike Hailwood (1940-1981) pictured riding a 250cc Honda motorbike on a public road in September 1961. Mike Hailwood would go on to win the 1961 250cc world championship on his Honda RC162 bike. (Photo by Popperfoto via Getty Images/Getty Images)
Mike Hailwood, GB, auf 350-ccm Honda- 1967 (Photo by Horstmüller/ullstein bild via Getty Images)
Mike Hailwood of Great Britain on his bike during the Motorcycle British Grand Prix held at the Silverstone Circuit, Northamptonshire, 5th August 1978. (Photo by Phil Sheldon/Popperfoto via Getty Images/Getty Images)
Sport, Motor Cycling, pic: 14th June 1967, Italian motor-cycle star Giacomo Agostini, the first mega star on the motor cycle track, racing here at the Isle of Man T,T, He had a glittering career from 1961-1977 when he was world champion many times winning 15 world titles (Photo by Bentley Archive/Popperfoto via Getty Images/Getty Images)
Motorcycle racer Giacomo Agostini poses on his motorcycle. (Photo by Jean-Yves Ruszniewski/TempSport/Corbis/VCG via Getty Images)
British racing motorcyclist Barry Sheene (1950 - 2003, number 7) leads Dutch rider Wil Hartog, circa 1978. Both men are riding Suzuki machines. (Photo by Bob Thomas Sports Photography via Getty Images)
British racing motorcyclist Barry Sheene (1950 - 2003) at a race meeting, circa 1980. (Photo by Bob Thomas Sports Photography via Getty Images)
British Grand Prix motorcycle racer Phil Read racing at the Silverstone Circuit in Northamptonshire, 1965. (Photo by Daily Express/Hulton Archive/Getty Images)
Phil Read of Great Britain, rider of the #2 MV Agusta 500cc during the Mallory Park Race of the Year motorcycle races on 21 September 1974 at the Mallory Park circuit in Leicester, United Kingdom. (Photo by Don Morley/Getty Images)
Johnny Cecotto of Venezuela astride the #4 Yamaha YZR 500 during the Austrian motorcycle Grand Prix on 29 April 1979 at the Salzburgring circuit in Salzburg,Austria. (Photo by Don Morley/Getty Images)
American motorcycle road racer Kenny Roberts in action on a Yamaha. (Photo by Jean-Yves Ruszniewski/TempSport/Corbis/VCG via Getty Images)
American motorcycle racer Kenny Roberts competes on his #1 Yamaha YZR500 racing bike in the Mallory Park Race of the Year motorcycle race at the Mallory Park circuit in Leicestershire in 1980. (Photo by Leo Mason/Popperfoto via Getty Images)
Freddie Spencer of the USA riding a Honda 500, circa 1985. (Photo by Bob Thomas Sports Photography via Getty Images)
DAYTONA BEACH, FL — March 10, 1985: Freddie Spencer in action on his way to winning the Daytona 200 at Daytona International Speedway. (Photo by ISC Images & Archives via Getty Images)

© Archives Moto Revue
© AGV SpA
Et DR

Direction artistique
Caroline Laleta Ballini / Studio So What Co., Ltd.

Couverture
Martin Laignel


12 rue Mozart, 92587 Clichy

ISBN : 978-2-38058-356-4
Dépôt Légal : avril 2023

Achevé d'imprimer en avril 2023 par Denona en Croatie